16	3	2	13
5	10	11	8
9	6	7	12
4	15	14	1

Matilde Campilho

JÓQUEI

editora 34

EDITORA 34

Editora 34 Ltda.
Rua Hungria, 592 Jardim Europa CEP 01455-000
São Paulo - SP Brasil Tel/Fax (11) 3811-6777 www.editora34.com.br

© Matilde Campilho e Editora 34 Ltda. (edição brasileira), 2015
Jóquei © Matilde Campilho, 2014
Edição original © Edições Tinta-da-China Lda., Lisboa, 2014

A FOTOCÓPIA DE QUALQUER FOLHA DESTE LIVRO É ILEGAL E CONFIGURA UMA
APROPRIAÇÃO INDEVIDA DOS DIREITOS INTELECTUAIS E PATRIMONIAIS DO AUTOR.

Edição conforme o Acordo Ortográfico da Língua Portuguesa.

Capa, projeto gráfico e editoração eletrônica:
Bracher & Malta Produção Gráfica

Revisão:
Cide Piquet

1ª Edição - 2015, 2ª Edição - 2015 (6ª Reimpressão - 2022)

CIP - Brasil. Catalogação-na-Fonte
(Sindicato Nacional dos Editores de Livros, RJ, Brasil)

C339j
Campilho, Matilde
    Jóquei / Matilde Campilho — São Paulo:
Editora 34, 2015 (2ª Edição).
152 p.

ISBN 978-85-7326-593-4

1. Poesia portuguesa contemporânea.
I. Título.

CDD - 861.1P

JÓQUEI

I	7
II	29
III	49
IV	69
V	87
VI	103
VII	135
Agradecimentos	144
Índice dos poemas	145
Sobre a autora	149

I

FUR

com cara de Whitman
foi assim que você pensou que eu viria ao mundo
foi assim que você me viu na floresta
foi assim que você me viu pendurado no poste elétrico
sempre pendurado num ramo qualquer
sempre usando o verão.
você se lembra daquele verão no Brooklyn
em que ficamos perseguindo os bombeiros
durante todo o dia apenas para ver
uma vez e depois outra vez
o leque aquático que se abria sobre o fogo?
você citava poetas húngaros mas nesse tempo
eu só queria saber de inventar uma língua
que não existisse.
você se lembra do *concierge* que nos recebia
na pensão do Brooklyn como se nunca
nos houvesse visto antes?
e não havia semana que passasse
em que nós não dormíssemos
pelo menos uma madrugada
na pensão do Brooklyn.
me lembro dos dólares amassados
que eu semanalmente tirava do bolso
para pagar ao Doug
eu sabia o nome do Doug
o Doug nos tratava disfarçadamente

por menina e menino.
você falava que os dólares vinham
sempre com uma forma diferente
eu adoro como você consegue tirar um coelho do bolso
eu adoro como você consegue tirar uma lâmpada do bolso
eu adoro como você consegue tirar a Beretta 92fs do bolso

foi assim que você pensou que eu ficaria
no mundo
com corpo de besta vestida
usando um lápis pousado na orelha

foi assim que você me viu
pedindo três ovos para Miss Elsie
a senhora da mercearia na Court Street
ela me deu oito ovos
porque ela sempre dava alguma coisa
ela me achava uma graça e ela não acreditava
em números ímpares. eu também não.
me lembro de você na mercearia
do Brooklyn
você costumava ficar lá atrás
brincando na seção das ferramentas.
se eu tivesse mais do que um coelho,
uma lâmpada ou uma pistola
eu teria te comprado um Black & Decker
eu acho que você seria a pessoa mais feliz da ilha
com um Black & Decker enfiado no cinto.

foi assim que você pensou que eu ficaria no mundo,
usando flores em meu cabelo negro,
sempre escondidas no emaranhado dos cachos
sempre escondidas no emaranhado do caos
de minha cabeça negra.

só você sabia quantas flores eu usava
porque agora eu já sei
que você dedicava as noites
à contagem. Deus não dorme
e você também não.

PRÍNCIPE NO ROSEIRAL

Escute lá
isto é um poema
não fala de amor
não fala de cachecóis
azuis sobre os ombros
do cantor que suspende
os calcanhares
na beira do rochedo
Não fala do rolex
nem da bandeirola
da federação uruguaia
de esgrima
Não fala do lago drenado
na floresta americana
Não diz nada sobre
a confeitaria fedorenta
que recebe os notívagos
para o café da manhã
quando o dia já virou
Isto é um poema
não fala de comoções
na missa das sete
nem fala da porcentagem
de mulheres que se espantam
com a imagem do marido
aparando a barba no ocaso

Não fala de tratores quebrados
na floresta americana
não fala da ideia de norte
na cidade dos revolucionários
Não fala de choro
não fala de virgens confusas
não fala de publicitários
de cotovelos gastos
Nem de manadas de cervos
Escute só
isto é um poema
não vai alinhar conceitos
do tipo liberdade igualdade e fé
Não vai ajeitar o cabelo
da menina que trabalha
com afinco na caixa registradora
do supermercado
Não vai melhorar
Não vai melhorar
isto é um poema
escute só
não fala de amor
não fala de santos
não fala de Deus
e nem fala do lavrador
que dedicou 38 anos
a descobrir uma visão
quase mística
do homem que canta
e atravessa
a estrada nacional 117
para chegar em casa
ou em algum lugar
próximo de casa.

EXPLICAÇÃO DO SOPRO

Século XXI. Certos homens se fecham em quartos de hotel porque nos lugares anônimos é muito possível ficar encostado numa parede branca vendo a água correr no chão do chuveiro. Dois rapazinhos pegam as bicicletas e pedalam quatrocentos e vinte quilômetros até achar a costa. Ao alcançá-la, tiram suas roupas e não mergulham: só encostam a zona lombar na areia e repetem até ao infinito a ladainha da tabuada do sete. Um bombeiro termina seu turno de vinte e quatro horas e entra no boteco junto à estátua de São Tarso. Pede um conjunto de sete pães de queijo e nos espaços entre cada um dos pães ele fica procurando por algum pedaço da túnica de Deus. O motorista do ônibus sabe perfeitamente que dentro da mala da senhora de rosto limpo tem uma caixa de joias que contém uma caixa de medicamentos que contém uma caixa de anel que contém uma bala. O tocador de kalimba está muito consciente de que hoje o mantra nasce da mistura de um cântico de procissão com o latir do cachorro, e está consciente também de que todo desenho acha sua acústica perfeita nas pequenas eremitas. Aquele que pinta a natureza, o ladrão de ossos, sabe que deve empreender seu trabalho em posição horizontal, de corpo muito junto ao chão. E se por acaso o observarmos no processo por mais de sete minutos, podemos reparar que sua caixa torácica constantemente toca a tela, sempre na mesma cadência. A moça de vinte e sete anos ainda está sentada ao toucador, de frente para o próprio rosto, absolutamente indecisa sobre qual dos objetos escolher. Entre o batom alaranjado, a carabina calibre 12, o pó de arroz e o crucifixo em miniatura, vai uma distância de dois passos a galope.

RIO DE JANEIRO — LISBOA

um dia você
adora meus óculos
adoro os teus óculos
no dia seguinte
não quero que venhas à fazenda
três dias antes
você ia adorar este lugar
você quer vir até a fazenda?
um dia eu rasgo
o tecido celular do rosto
realizo um sorriso constante
que atravessa o morro
o ponto mágico do morro
rasgão alegre que fulmina
o veio mínimo da folha
de amendoeira
e pelo feixe de luz tropiquente
vai parar na cara de João
vendedor de suco no leblon
em ricochete João grita açaí!
qualquer dia eu vou e chego

no outro dia
a cidade se aborrece
desdignificada pela
gigante roleta
que se chama medo
o urubu fica empoleirado

na trave enferrujada
daquilo que já foi suporte
ao cartaz que anunciava
o novo mundo das piscinas
fosforescentes
o pássaro suspenso
olhando a via rápida
e catando caca
debaixo da unha
temendo o gira girar
da pequena roda
que circula sorte e azar

um dia você
escreve para seus pais
falando sobre o amor
quarenta dias depois
teus pais te escrevem
falando sobre redes de pesca
e o perigo das redes de pesca
um dia você me envia uma carta
depois a outra
o rasgão explode
recordando ainda outra carta
de alguns meses antes
o postal eterno que dizia
still crazy (after all
these years)
faço voto de silêncio
mas na sacralização
horária das avenidas
eu penso que você
sua mãe e seu pai
conversam muito
sobre peixes

e que isso mantém quieta
a roleta negra
e que isso mantém aparada
a unha do urubu
e que isso faz homenagem
a João e à fruta espessa
que brilha vermelha
em cada copo de minha cidade

um dia você diz que me a****
eu a****-te
no dia seguinte
a amendoeira se expande
e floresce cinco folhas mais
nesse dia reparo
que estamos contribuindo
você e eu
para o florestamento
da cidade
de duas cidades
faço voto de silêncio
mas na sacralização horária
da respiração eu penso
que apesar da sala de cassino
abrigo da gigante roleta do medo
apesar dos golpes de gmt -3
apesar da fita de seda que fica
ondulando sua medida de 7.800 km
estamos dando utilidade ao amor
alargando os braços das amendoeiras
alargando os braços dos jacarandás
partindo as inúteis linhas de fronteira
e fazendo do mundo
a gigante floresta.

I'LL HAVE WHAT SHE'S HAVING

nunca vou ser bom para ti
quero dizer
i talk to you for 5 hours
and then i can't sleep
vejo a meg ryan
and then i can't sleep
sou a cara do billy crystal
and then i can't sleep
isto aqui não é manhattan
and then i can't sleep
acho que o teu corte
de cabelo faz lembrar
vagalumes no sangue
do menino Emanuel
que como eu disse
era feito de veias
perfume e ossos
campo elétrico uniforme
i talk to you for 5 hours
sobre genética divina
sobre genética humana
sobre jejum e urologia
and then i can't sleep
porque fico pensando
em Deus no filho de Deus
nos filhos de Deus

nos cachos amarelados
nas camisas de colarinho blue
no espadachim do anjo torto
na estrada para Umbaúba
na barraquinha de
frankfurters and rolls
and then i lose my glasses
and then i can't sleep
e tenho o rosto coberto de pó.

BRINCANDO COM OS DENTES DO TUBARÃO

You are the sunshine
of my life
e conversar contigo de manhã
é tão bom
tens o poder do müsli e da
laranja
ou de qualquer fruta de época
for all that matters

Acompanhar teu percurso
natural
é muito bom
falar contigo
sobre tipos de alimentos
também

Neste começo d'hoje
tuas costas negavam
qualquer espécie de outono
Afinal
a ideia de estação
é só um tema ilusional
engendrado por humanos
que nunca puderam desenhar
tua coluna vertebral
a dedo nu

My dear bicho gente
veja lá se sua próxima visita
vem antes da edição fria
do Financial Times.

DESMEMBRAMENTO DE UM SEMICÍRCULO

Certo que nos dedicamos
a místicas peregrinações.
Exercitamos a respiração,
lutamos brigas orientais,
praticamos uma e sete vezes
a tradução do poema chileno.
Mas no fundo sabemos
que o que importa mesmo
é roçar a superfície negra
da pele do peito do anjo
que está vivo
que não dorme.

PANTEÃO NACIONAL

Mercúrio, meu cabrão:
Tu que alinhaste a melena
de ouro em jeito de aviso
à queda, que penteaste teu
cabelinho todo para trás
antecipando o encontro:
Não podias ter soltado
pelo menos um conselho?
Meu grandessíssimo filho
de um deus velho, seu
moleque mimado: não
dava pra, sei lá, escrever
recado nos anéis do vovô
ou enfiar à socapa uma
mensagem no mapa
topográfico de Alicante?
Qualquer coisa servia, M.
Tu que puxaste o lustro
às sandálias e às asas
das tuas sandálias, que
ajeitaste o paletó de herói
e te lavaste os pés: tu já
sabias no que isso dava.
Meu grande sacana, tua
obrigação era subir na boca
de um megafone dourado

e dizer: "Cuidado rapaziada,
tenham atenção a esse nó
que acontece no estômago
no preciso momento em que
esperam por vosso amante
na pracinha junto à igreja.
Ou é úlcera ou é amor."

NOTÍCIAS ESCREVINHADAS
NA BEIRA DA ESTRADA

Não sou de choro fácil a não ser quando descubro qualquer coisa muito interessante sobre ácido desoxirribonucleico. Ou quando acho uma carta que fale sobre a descoberta de um novo modelo para a estrutura do ácido desoxirribonucleico, uma carta que termine com "Muito amor, Papai". Francis Crick achou o desenho do DNA e escreveu a seu filho só para dizer que "nossa estrutura é muito bonita". Estrutura, foi o que ele falou. Antes de despedir-se ainda disse: "Quando você chegar em casa vou te mostrar o modelo." Isso. Não esqueça os dois pacotes de leite, já agora passe a comprar pão, guarde o resto do dinheiro para seus caramelos, e quando você chegar eu te mostro o mecanismo copiador básico a partir do qual a vida vem da vida. Não sou de choro fácil mas um composto orgânico cujas moléculas contêm as instruções genéticas que coordenam o desenvolvimento e funcionamento de todos os seres vivos me comove. Cromossomas me animam, ribossomas me espantam. A divisão celular não me deixa dormir, e olha que eu moro bem no meio da montanha. De vez em quando vejo passar os aviões, mas isso nunca acontece de madrugada — a noite se guarda toda para o infinito silêncio. Algumas vezes, durante o apuramento das estrelas, penso nos santos que protegem os pilotos. Amelia Earhart disse que não casaria a não ser que fosse assinada uma tabela de condições e essas condições implicavam a possível fuga a qualquer momento: "I cannot guarantee to endure at all times the confinements of even an attractive cage." Vai passarinho. Soube de uma canção cujo refrão dizia I Would Die For You, fiquei pensando que mais da metade das canções do mundo dizem isso mas eu nunca entendi isso. Negócio de amor e morte, credo. Lá na escola eles ensinavam que amor são sete vidas multiplicadas, então acho que amor é o contrário do fim. Sei lá, o mundo está mudando tanto. Não sou de choro fácil a não ser quando penso em determinados milagres que ainda não aconteceram. Meu time ganhou por três a dois. O maior banco norte-americano errou, e errou em muitos milhões. Ninguém chegou a falar do aniversário do Superman, e isso também conta como erro. Faltam seis dias para a primavera, está tendo uma contagem comunitária na aldeia mais próxima daqui. Acho que está chegando a hora do sossego, e que muita alegria vai pintar por aí. Acho que uma palmeira é muito mais bonita do que uma carabina, mas não sei se vem ao caso. Nenhuma palavra quer ferir outras palavras: nem desoxirribonucleico, nem montanha, nem canção. Todos esses conceitos têm seus sinônimos simplificados, veja só, ácido desoxirribonucleico e DNA são exatamente a mesma coisa, e o resto das palavras você acha. É tudo uma questão de amor e prisma, por favor não abra os canhões. Quando Amelia morreu, continuava casada com Putnam — suspeito que ela deve ter visto rostos incríveis nas estrelas. Que coisa mais linda esse ácido despenteado, caramba. Olhei com mais atenção o desenho da estrutura e descobri: a raça humana é toda brilho.

II

ASCENDENTE ESCORPIÃO

para o José

Na noite em que Billy Ray nasceu
(rua 28, cruzamento com a 7, Nova Iorque)
não havia ninguém dedicado à contemplação dos gerânios
Havia, isso sim, o som do mundo que caía
como estalactites múltiplas
sobre as cercanias do hospital
Automóveis, alguns a 90 km/hora, outros a 30 km/hora
Bombeiros correndo para salvar o cachorro
preso na escotilha do bote atracado no Hudson
O imigrante rendendo o caixa da loja de conveniência
para roubar alguns dólares e chicletes
Aquele casal na esquina à direita, os dois chorando,
terminando com razão o arrastado namoro de cinco anos
Rosa Burns entrando em casa sem pressa nenhuma,
lançando investidas à fechadura com a chave muito mais velha
que seu rosto — tremendo, tremendo, quase desistindo
desse negócio de viver e atirar no alvo
Havia o caminhão varrendo todos os pedaços de lixo da rua
Havia o ruído das fichas de pôquer sendo lançadas
sobre a mesa verde-gasto, entre dedos e fumaça
Alguém gritando, na explosão da minúscula morte
Alguém cantando a canção sul-americana
Alguém afagando o pescoço do pombo sem dono
Alguém jogando a bola de tênis contra a parede do quarto,
repetidamente, repetidamente, repetidamente
Havia o rádio no *on* tocando algum barulhinho em onda média

Havia uma bruxa cozinhando azevinho & cobre na panela
do apartamento de paredes queimadas
Na noite do nascimento de Billy Ray
ao mesmo tempo que ele escutava o som gelatinoso
da placenta de onde era arrancado
e depois o som da passagem pelo canal uterino de sua mãe
e depois o som do primeiro toque em sua cabeça
e depois o som de seu próprio grito
o grito que inaugura a festa
O mundo se reunia inteiro
entre a rua 28 e a rua 7
em Nova Iorque
para rezar a oração dos pequenos gestos
o aleluia da existência ocidental:
centenas de homens vergados
fazendo vênia à metafísica suficiente
que existe nos corredores do mundo
e se extrapola até o infinito lunar.

O ÚLTIMO POEMA DO ÚLTIMO PRÍNCIPE

Era capaz de atravessar a cidade em bicicleta só para te ver dançar.

E isso
diz muito sobre minha caixa torácica.

O APARECIMENTO DAS CAVEIRAS
NO LENÇOL DA VIA LÁCTEA

Minha cara está se envelhecendo
antes de mim
Reconheço meus deuses
e se supõe que Jonas
também tenha reconhecido a baleia
antes da grande meditação
antes do grande silêncio
ou antes de escavar
a costela de sal
Pratico mergulho-prego
desde a rocha mais alta
como é próprio da estação
E antes do salto
sempre peço a Deus
que a guerra não me seja
de todo indiferente
Porque foi assim
que me ensinou a santa
Foi assim que me segredou
a estrada de fogo
da oitava região
Há uma seleção de catástrofes
se apresentando firmes
Coisas do tipo
A figura da menina russa
que passa no parquinho

acenando 3 pêssegos
dentro da bolsa de plástico
Como se fosse um arqueiro
fazendo show-off
de suas setas douradas
no fio solar de agosto
Minha cara está marcada
por revoluções e iodo
por estilhaços de cobre
e pelo silêncio profundo
de los angelitos negros
à hora do café com açúcar
Carrego nas costas
a espada de plástico
que corta o friso nublado
entre signo e ascendente
Sim eu me aproximo
cada vez mais de meu ascendente
enquanto faço pazes com meu sol
Reconheço meus heróis
aqueles que vieram antes
e os que virão mais tarde
Recorto suas descobertas
mas pelo sim pelo não
ainda guardo em meu bolso
a nota de cinco dólares
que me ofereceu o nômade
que cantava no deserto.

VELEIRO

Bem: as palmeiras brilham mais que o ouro. Walter Benjamin tinha razão sobre os círculos — quanto mais se roda em volta do amor, mais o amor se expande. A filosofia é uma matemática muito esclarecedora e qualquer dia ainda vai salvar o mundo. Bem, quatrocentos anos depois e você & eu ainda somos uma espécie de Ferris Bueller's Day Off. Ó, você viu os coros dos meninos na avenida? A alegria é um carro de bombeiros todo enfeitado de penas e cavalos bravos, atravessando tudo. A liberdade se faz inteira debaixo da palavra, entre um músico Tang e um jarro de Oaxaca. Os continentes se aproximam docemente e, como você me explicou, o selvagem europeu ainda vai soltar seu esplendor. Acredito muito naquilo que ninguém mais espera, principalmente depois que dei de caras com o dorso da baleia solitária. Todo canto tem um tom, e a maioria dos mamíferos se agrupam pelo reconhecimento de uma musicalidade comum. Sim, o fadista vai escolher o fadista, e as manadas de baleias costumam espalhar seu sopro de cerca de 20 hertz por oceanos infinitos. Em comunhão. Mas imagine você que em 1989 alguém descobriu uma baleia que canta solitária a 52 hertz — sem primos, sem irmãos, sem melhor amigo, sem ilha onde fazer um pit stop. Ninguém vocaliza na sua frequência, ouvido nenhum escuta seus 52 pontos. Há milagres. Depois do surgimento da baleia solitária, depois dos círculos de Benjamin, depois do desdobramento do poema XIX, depois do berlinde de Seymour Glass sendo girado no dedo do jogador de basquete, me diga, como não acreditar no brilho natural que diariamente resplandece no peito da terra? Bem, seu rosto de espanto frente ao sorvete de morango numa tarde de domingo é a manobra que puxa o lustro à pele do planeta. Benzinho, estamos invertendo a profecia de Eliot. Estamos curando o resfriado de Madame Sosostris, e esta coisa da alegria ainda vai dar muito certo. Seja como for, dê por onde der, seguimos usando o colar de pérolas que é feito dos olhos do marinheiro fenício. No que depender do amor, para além da paixão e para além do desejo: ninguém mais se afogará.

PELE DE COURO

Foi no tempo em que
(como apontou Herbert)
adormecíamos
com uma mão debaixo da cabeça
e com a outra
num aterro de planetas
Morávamos na ilha
de Saint Naumpke
no palácio de estacas e cal
construído por nós mesmos
durante os trinta dias de agosto
Lá os anos nunca eram bissextos
O pão era feito de alecrim
Os pescadores vinham
ensinar-nos os dons
E isso era tudo
o que precisávamos
e precisaríamos mais tarde
para entender a língua de fogo
que se falava nas pracinhas
Por vezes eu pintava
minha cara de amarelo
só para perceber
a consciência telúrica
que trazem consigo alguns
jaguares e cobras corais
Nesse tempo
alguém preferia o relento

à escuridão das casas
e portanto saía para o parque
armado com binóculos
de lentes-diamante
só para se deparar
constantemente
com a fórmula exata
do tempo de crescimento
das folhas de laranja-lima
"O couro de Golias
foi deixado aqui,
há cinco séculos
atrás" era o que ele dizia
no regresso ao palácio
à hora da refeição
Vinha sujo e coberto de areia
trazendo flores velhas
em seu balde metálico
Existiam heróis daquela pátria
mas eu nunca soube quais
Existiam governantes e traidores
mas eu nunca soube quais
Havia um beato sem rosto
a quem tinham feito um altar
junto à primeira rocha de Naumpke
Sua estátua era de aço
e a todas as manhãs
alguém deixava a seus pés
uma esteira de rosmaninho.

Aquele foi o nosso tempo,
o tempo da descoberta dos aterros
e das cavernas de que são feitas
as omoplatas dos amantes.

O ACROBATA

I am too late for the birth of birds
but have come just in time for the
opening of a red chocolate bar

M

Porque tinha sal em minhas pestanas, porque existe um salmão dourado onde o amor sempre dança, porque a ideia de ir até o mar de metrô era a oração que nos fazia ficar acordados até de manhã, porque há um osso se estilhaçando constantemente dentro das paredes mestras e nós já sabíamos isso, porque a paixão não é de todo a coisa mais importante mas é sim o canudinho através do qual dá para ver que o mundo é muito feito de construções de papel — celulose que vem da árvore e que depois se transforma em lista telefônica de onde alguém arranca a página e logo transforma em veleiros e montanhas. Talvez porque na porta do restaurante habitual alguém toca clarinete ao sol, porque até as ruínas podemos amar nesta cidade, porque eu tenho um olho em você e você tem um dedo em mim, porque para chegar no telhado do aqueduto é preciso percorrer a estreita escadaria de pedra e é impossível não esfregar as costas nas paredes úmidas. Porque atingir o ponto de rebuçado significa simplesmente abandonar todas as coisas e dedicar-se só à concentração, mesmo que todasascoisas sejam um olho preto e um olho castanho e sua dissociação seja a possível causa para a avalanche. Porque a palavra Bushboy não existia até aqui mas agora sim, porque fazer equilibrismo sobre a corda amarela dentro do apartamento é tudo o que já imaginávamos que ia ser, mesmo antes de acontecer. Porque no interior do pulmão do cervo tem a carne que brilha, brilha tanto como o sol que se espelha na ponta da seta. Porque acreditamos, você e eu, que a razão final é que a erva cresça muito acima de nossas cabeças.

PISCINÃO BLUE

The real reason why we never jumped into the pool was
well freddy never was a good jumper betty never was a
good sport aunt amy always talked about tea pots and
tea plates and spoons and her lost loving pomegranates
and dad kept drawing leopards on every wall of our house
Please don't ask about mom or mom's dress made of flowers
made of silk made of every shade of desmond's fears
Little timmy sang a song about our only friend Kazakalim
whose skin was dark whose blood was dim whose chest
was shiny as the wooded flute that father used to clean
every morning every midday every night and every dawn
as mother danced around the oak tree which surely did
contain a bird contain a whale contain a stack of all our tears.

MÃO DUPLA

Meu filho tente
não fazer de ninguém
uma cidade
Se por exemplo
encontrar Sebastião
como Sebastião
(assim cabeludo,
perfumado de fritos
e de gás, úmido,
extremamente fértil,
brincalhão, um tanto
ou quanto violento
como são todos os
maiores verões)
Não vá chamar-lhe
Pedro
Faça por ingerir
bem direitinho
a comida que recebe
de suas mãos
Não fique plantado
na frente de uma manga
tentando achar
na superfície fibrosa
Reflexos
do cabelo dourado

de algum homem
que não se chame
Sebastião
Pratique o espanto
e quem sabe o jogging
com a melhor das intenções
Ou seja meu filho
a intenção da verdade
na cara de Sebastião

À saída da cidade
faça-me um favor
faça-se um favor
Não tente achar
lascas de manguezal
nos cabelos do homem
que mora 10.000 kms
a NE de Sebastião
Jogue apenas jogos
que não impliquem
a morte ou a melancolia
Jogos sem a presença
do fogo sobre o tabuleiro
Meu filho tente
não fazer
de uma cidade alguém
Por exemplo
se entrar em António
chame-lhe sempre
António
Não vá ficar
às suas portas
fazendo contas
de dedos e cabeça
dando um jeito matemático

de descobrir o melhor
petit-nom para a cidade
António já era António
em 1755
e nem aquele agito
horroroso da terra
foi dar cabo
de seu nome
Tudo se refaz
você verá
Tudo se refaz
menos os nomes

Faça por acertar
no nome
da cidade
(*gostavas muito
de lhe acertar,
não gostavas?*)
ou então
você vai ver
Ao sair da cidade
de Sebastião
você nunca mais
poderá regressar
porque Pedro
te atormentará
para sempre.

TIGER BALM

O brasileiro acha que o amor é importante porra, eu cá não acho nada, só fui arranhando poemas, alinhando conchas, tirei o relógio nos últimos anos para escrever, para ler os textos norte-americanos, guaranis e siríacos. Disse que era índio mas nunca fingi ser índio, sei o que quer dizer biraquera mas nunca me despi na rua. Entendi que não existe um poeta maior e espero ter entendido que um esquiador, um pescador, um astrólogo e um boxeur são quase sempre a mesma coisa. Escutei muitos ícaros e entendi alguns quando me esqueci de tentar entender. Reparei no rosto daquele moço pintado de azul e vi como o pirata lhe apontava uma arma ao alvo. Acho que toda a gente sabe que o alvo é o lugar entre uma sobrancelha e outra, o olho. Frequentei gabinetes de dermatologia mas não percebi nada antes de ter lido o poeta chinês. Soube de histórias de ladrões que foram os primeiros a entrar no céu logo depois de Cristo, e também soube de um anjo que não estava acostumado a fazer de cicerone a esse tipo de gente. Descobri que o cirílico não é tão difícil assim se se prestar atenção à forma como são escritos os nomes. Aprendi que desenhar montanhas e a palavra espera são lugares muito semelhantes e que ambos podem ser comparados à dormida de um gavião no olho de Deus. Conheci um jogador de críquete que largou o esporte para dedicar-se à prosa porque acreditava na sorte. Reparei que o seu traje se manteve inalterado nas duas profissões: camisa branca e luvas brancas funcionam como músculo em qualquer eremita. Estudei muito sobre a prática do assobio, ainda não concluí nada e acho que é por isso que sei assobiar de três formas diferentes. Aquela frase sobre o amor está escrita em cartazes espalhados por todas as cidades onde já estive. Tinha também uma frase sobre tigres, mas essa ficou num só cartaz, numa cidade só. Li sobre pássaros e passei a saber que os pássaros medem a distância em unidades de corpo e não em metros: a densidade de cada corpo não importa, o que importa é a distância entre eles. Ainda assim me perguntei muitas noites sobre qual seria a medida de uma asa. Em determinado momento achei que K. era o homem mais bonito do mundo. Quando não pude mais com o silêncio escutei as canções. Soube da morte no mesmo dia em que soube que o amor sim é importante, mas não é imutável. Acho que chorei. Telefonei a meu primeiro rapaz e lhe contei tudo isso. Lembro-me que ficou muito tempo calado e depois escutou-se pelo país o ruído de uma garganta seca. Entre nós será a guerra, foi o que ele disse, mas isso foi muito tempo antes. Aconteceu também que eu pedi esse tal em casamento: uma vez, outra vez e depois outra vez. Ele negou três vezes mas nem por isso deixei de achar que ele era o poeta mais bonito do mundo. E fiquei com a impressão que ele nunca deixou de achar que eu era o animal selvagem mais bonito do mundo. Descobri que o eixo de uma aldeia pode muito bem ser o eixo de um corpo de mulher. Soube que se faziam procissões perto do mar mas que estas nunca chegavam ao mar. Fotografei a mulher mais linda da procissão e apontei o foco à linha que divide as suas omoplatas — foi aí que aprendi a rezar. Apaixonei-me por bandeiras no verão de dois mil e dez, quando os meninos dançavam um transe muito psicodélico feito do som dos ramos das araucárias varando o ar. Descobri que meu pai nem sempre teve razão sobre as pessoas, mas que a terra onde meu pai me educou talvez sim. Tremi quando me disseram que o único imperador era o imperador do sorvete. Também me comovi quando entendi que o xisto nascia laminado nalgumas praias e que isso quer dizer escultura. Aprendi a contar pelas manchas múltiplas de uma papaia e acentuei a palavra açaí muitas vezes. Vi dois leões roçando os focinhos um no outro e vi dois leões rugindo contra Deus quando repararam que seus focinhos eram exatamente o mesmo focinho. Decidi que astronauta era a palavra mais incrível de todas, mais ainda do que açaí, e então resolvi que todos os poemas a partir dali seriam escritos no centro de um círculo desenhado num capacete. Já não sei o que acha o brasileiro porque hoje eu acho que brasileiro ou argelino são precisamente a mesma coisa: tudo o que respira, brota. Acho que a ternura é importante.

III

COQUEIRAL

A saudade é um batimento que rebenta assim
vinte e oito vezes desde meu ombro tatuado
de desastre até à rosa pendurada em sua boca

E o amor, neste caso específico, é um mergulho
destemido que deriva quase sempre de uma nota
climática apenas para convergir no osso frontal
do crânio do rei da ilusão — terno é o seu rosto

Senhor, os ossinhos do mundo são de mel e ouro.

ALGUÉM ME AVISOU

Ele falou que eu precisava voltar
porque eu era sua família
falou que os passarinhos
estavam começando de novo
com aquela entoação estranha
que poderia ser vista como triste
ou como bastante maravilhosa
você precisa voltar ele falou
algumas acácias estão se votando
ao abandono ou ao desespero
e a peixaria foi atacada
por uma enorme inundação
por favor volte veja se volta
esta manhã o taxista ficou
rodando todas as estações
de rádio até achar notícia
não tem notícia de você na cidade
faça-me um favor e volte
está acontecendo uma revolução
querem retirar o primeiro-ministro
de sua cadeira empedernida
querem tocar fogo nas estradas
querem melhorar a estrutura
do sino que marca o meio-dia
na garganta de Antoninho
ande veja se volta foi o que ele falou

você é minha família é impossível
assistir à transição do inverno
para a primavera sem família perto
e como faço para comprar lollypops
se você não estiver me esperando
lá fora do lado de fora em seu carro
brincando com as rotações do motor
enquanto eu fico tamborilando meus
dedos sobre a bancada de madeira
da mercearia onde sempre compro
lollypops de laranja ou de morango
você e eu sempre damos um jeito
de sincronizar nossos batimentos
eu toco quatro vezes na mesa
você acelera quatro vezes o motor
família é isso mesmo: dois caubóis
fintando a gravidade e a monotonia
vai me diga se volta ou se não volta
na semana passada eu reparei
que as plantações de milho
estão começando a se expandir
me diga que isso não te seduz
foi o que ele falou isso mesmo
a plantação que se expande te seduz
ele falou que eu precisava voltar
que talvez eu devesse arrumar
minha mala largar meu emprego
arrume tudo em sua mala
não esqueça sua camisa branca
não esqueça sua flauta de osso
não esqueça não corte seu cabelo
coloque tudo nessa mala
e se tiver tempo me traz sete búzios
volte me diga que volta
repare que é a época das migrações

e que você sempre acompanhou
os colibris e os pinguins
já chega de se inscrever
nesse campeonato do desapego
você sempre perde já deveria saber
ele falou que eu deveria voltar
que no restaurante de dona Célia
estavam servindo um tipo de pão
diferente do habitual
que no parque das diversões
estavam montando um novo esquema
que na cova dos leões já não mora
ninguém absolutamente ninguém
que estão começando uma revolução
você precisa voltar foi o que ele falou
volte por favor meu amor volte pra casa
então eu fiz a mala e foi por isso que eu
voltei — eu voltei porque me chamaram.

DESCRIÇÃO DA CIDADE DE LISBOA

A rapariga a pensar naquilo, a rapariga ao sol, menina a comer cachorro-quente, menina a dançar na rua, rapariga do dedo no olho, do dedo na árvore. Rapariga de braços levantados, rapariga de pés baixos, rapariga a roer unhas, rapariga a ler jornal, rapariga a beber um líquido chardonnay, rapariga no vão de escada, rapariga a levar na cara. Rapariga aflita, rapariga solta, rapariga abraçada, rapariga precisada. Rapariga a fumar charuto, rapariga a ler Forster, rapariga encostada na palmeira, rapariga a tocar piano. Rapariga sentada em Mercúrio ao lado de um leão, rapariga a ouvir discurso de Ghandi, rapariguinha do shopping. Rapariga feita de átomos e sombra. Rapariga de um ponto ao outro e medindo quarenta e dois centímetros, rapariga impávida, rapariga serena. Rapariga apaixonada por igreja quinhentista, rapariga na moto a trocar velocidades a mudar o jeito. Rapariga que oferece à visão o hábito da escuridão e depois logo se vê. Rapariga de ossos partidos, rapariga dos óculos negros, rapariga em camisola de poliéster, rapariga debruçada na cadeira da frente no cinema, rapariga a querer ser Antonioni. Rapariga estável, rapariga de mentira, rapariga a tomar café em copo de plástico, rapariga orgulhosa, rapariga na proa da nau africana. A rapariga a cair no chão, rapariga de pó na cara, rapariga abstêmica, rapariga evolucionista. Rapariga de rosto cortado pela faca de Alfama, rapariga a fugir de compromissos, rapariga a mandar o talhante à merda, rapariga a assobiar, rapariga meio louca. Rapariga a deslizar manteiga no pão, rapariga a coçar um cotovelo, rapariga de cabelo azul. Rapariga a brincar com um isqueiro no bolso, rapariga a brincar com um revólver nas calças, rapariga a nadar, rapariga molhada, rapariga a pedir uma chance só mais uma ao santo da cidade. Rapariga a ostentar decote no inverno, rapariga a olhar pelo canto do olho esquerdo, rapariga a ser homem, rapariga na cama. Rapariga a subir o volume, rapariga a querer ser Dylan, rapariga a cuspir no chão. A rapariga a girar a girar a girar a girar no eixo de uma saia de seda amarela. Amarela da cor de um feixe de luz apanhado numa esquina.

CONVERSA DE FIM DE TARDE
DEPOIS DE TRÊS ANOS NO EXÍLIO

Os garçons empilhando as cadeiras
você me olhando e me pedindo que
fale Por Favor Fale Mas Não Escreva
eu evitando o toque ruim dos ponteiros
do relógio que anuncia a já famosa fuga
de nossos corpos cada um para sua
ponta da cidade — se nosso amor fosse
revólver eu seria o cabo e você a mira
tal como dizia a professora Sofia Jones
é terrível a existência de duas retas
paralelas porque elas nunca se cruzam
e elas apenas se encontram no infinito
a verdade é que nunca nos interessou
a questão do infinito mas o resto
das ideias matemáticas claro que sim
eu na verdade prefiro mais de mil vezes
sua chávena de chá ficando fria sobre a mesa
enquanto você fala sobre raízes quadradas
enquanto você fala sobre ladrões de figos
enquanto você fala sobre o tropeço da baleia
subitamente eu já nem sei sobre o que você fala
porque a forma como seu dente incisivo corta
e suspende toda a beleza da cafeteria
faz com que eu novamente entenda que
pelo sétimo dia é chegada a hora do cuco
e do canto do cuco

portanto eu pego minha bicicleta
e como de costume você faz meu retrato
de cabelo todo desenhado no vento
em jeito de menino que está sempre indo embora
à mesma hora e que amanhã se tudo der certo
voltará à mesma hora para o mesmo amor
a mesma mesa a mesma explosão
com toda a certeza a mesma fuga
porque você e eu a gente é feito de matéria
escorregadia, i.e., manteiga, azeite, geleia
e espanto.

ESTAÇÃO DO TREM

E depois acordamos
sempre ainda meio vivos
Um pouco ensonados
É-nos mais ou menos fácil
entrar na vida depois destas coisas
Prometemos várias vezes
que não trocaríamos o amor
por jogatanas de pingue-pongue
e quando finalmente percebemos
que o ace do pingue-pongue é
e-x-a-t-a-m-e-n-t-e
a medida certa do amor
rejubilamos na gargalhada
que só pode ser
que afinal sempre foi
(os dois acreditamos nisso)
a herança de Deus para nós.

Sim olha eu lembro-me
de quando tu só sabias
contar até quatrocentos.

ROMA AMOR

Seu cabelo está vermelho
você falou
seu cabelo está todo iluminado
de vermelho & luz
I never wanna be
your weekend lover
respondi certeiro
rebobinando 600 dias
Você lembra da canção?
I never wanna be
your weekend lover
suas mãos desenhando a dança
no oxigênio daquele julho
e o pó se levantando
desde seus calcanhares
até a nuca de fogo
Você fazendo pouco
de tudo o que antes havia
sido chamado de baile
Purple Rain
seu cabelo está todo iluminado
de vermelho & luz
Você se lembra daquele julho?
uau você falou
sua pele cresce no vaso
da melanina

cada ano mais
E por falar em canções
imagine Maria Teresa
arrumando a casa
arrastando os móveis
na interminável busca
por vestígios de pó
quem sabe se na centésima partícula
não será possível achar
um pedacinho do genoma
do marido morto
Imagine Maria Teresa
de cabeça enfaixada
varrendo varrendo varrendo
até ficar envolta
na nuvem de pó e genomas
que acontece brilhante
no centro da sala
És faxinação, amor
Seu cabelo está todo iluminado
de partículas galácticas
sua pele brota toda negra
ameaçando a primeira visão
que o centauro ofereceu
ao menino de 13 anos
quando apontou a concha de ouro
Gli dei che amano
nel tempo stesso odiano
você falou
é a forma como maio
bate nas janelas
se refrata na geladeira
vai bater nos azulejos
e se aloja em seus cabelos
respondi é a época

das sementes e das explosões
Amante de final de semana não
meu bem
muito menos de quinta-feira
pense nas crianças
nos avós das crianças
no olho de couro dos tios
das crianças
Veja só
nem todo mundo
tem a possibilidade de ver
entrar em sua família
um dançarino suspenso
um dançarino su-suspenso
constantemente suspenso
entre o rochedo & a flor
Pense nas crianças
e na fé de nossas crianças
Seu cabelo está todo vermelho
você falou
tudo está muito iluminado
I never wanna be
your weekend lover
eu falei
Então você abriu a porta
para interromper a refração
para acabar com a promessa
para fechar o desenho
para expulsar o centauro
para estilhaçar a concha
para calar o príncipe
para colocar o móvel no lugar
e empurrar Maria Teresa
você falou
vai embora

desça as escadas e suma
saia agora
tem alguém chegando aí
e hoje é só segunda-feira.

RUA DO ALECRIM

Uma menina desenha uma estrela de cinco pontas
a esferográfica Bic na palma da mão de outra menina.
Chove, e mesmo assim o desenho não sangra:
é preciso muito mais do que certas condições
climatéricas para que o amor escorra.

Assisto a toda a cena e penso que esta visão,
real ou inventada,
é muito pior do que a verdade a bofetadas.

DIA DE SÃO TOMÉ

Poderia escrever teu nome
70 vezes seguidas
Mas isso não espantaria
a saudade que sinto
de dizer o teu nome
entre sal e dentes
Isso em nada iria melhorar
a falta que faz teu corpo
dentro da sombra invisível
que diariamente se senta
a meu lado no restaurante
às 11 horas da manhã
Ou no lugar direito do automóvel
quando dirijo até a repartição
pública das finanças do estado
O tal Estado escavacado
e tão sobrevalorizado
Escrever o teu nome
repetidamente
primeiro em linhas verticais
depois horizontais
e mais tarde transversais
Como quem espera
algum dia ser o vencedor
do Four In a Row
de forma alguma substitui

o ruído aquático que sucedia
no interior de minha boca
quando a palavra Tu
reverberava entre palato
e água do mar
Batia em meus dentes
e ia parar no furo
de alguma rocha
Sim o teu nome
entre um mergulho e outro
O teu nome engasgado
de pirolitos e gargalhadas
O teu nome
batendo em tua cara
exatamente ao mesmo tempo
que o feixe de sol
das 5:28 da tarde
O teu nome
roubado uma vez e outra
por nosso fiel pelicano
O nome do ministro
demissionário
é tão fácil de dizer
Desculpem se não digo
As linhas que cosem
partidos políticos
são tão fáceis de enfiar
no joguinho de crianças
E que simples é o resultado
Muito mais simples
que o resultado
de nosso velho marcador
Com partido político
dá sempre zero a zero
e vantagem do serviço

Com partido alto
dá sempre dez a dez
e vantagem do amor
Você levou meu samba
e meu mensageiro
Você deixou os sapatos
a sombra desalojada
e um dialeto muito novo
que devo utilizar agora
para não dizer teu nome
entre rajadas de revolução
e goles de cerveja junina
Um dialeto umas vezes digno
e outras vezes não
que entrego agora
ao bico do pelicano eterno:

Vai pássaro, leva meu grão
até as escadinhas do santo
que hoje celebra seu nome
entre os doze favoritos.

IV

OBITUÁRIO DE J. ANDERSON PRITT, PELA MÃO DA VIÚVA

um pedaço de aço?
— vai lá e rouba.
a entrada da barcaça no Ganges?
— vai lá e rouba.
os dentes do jaguar japonês?
— vai lá e rouba.
corações? pele, pelo, retina?
— vai lá e rouba.
o efeito supralunar de janeiro?
— vai lá e leva.
a receita mágica do refrigerante ou
o mecanismo do relógio de corda?
— vai lá e rouba.
a hora do despertar do monge?
— vai e usa.
anel de ouro?
— todo seu.
setenta e oito braçadas do salmão
que agora já sabe onde é a foz?
— vai lá e rouba.
a canção tradicional da ilha
entalada entre meridianos?
— vai lá e rouba.
o farolim do carro armado?
— leva, para o que der e vier.

o desenho fosforescente suspenso
na parede colombiana?
— vai lá e toma.
o fantoche que André o carpinteiro
levou anos para esculpir?
— vai lá e rouba.
constelações desmanteladas
fora da órbita terrestre?
— vai lá e abusa.
a cautela previsivelmente
vencedora, loteria de Natal?
— vai lá e rouba.
pulseira de palha do discípulo
natural?
— vai lá e rouba.

Morreu sozinho
e pobre, repetindo
o nome de Dimas
até a última farpa.

VERMELHO VIVO

Fique longe de mim
entenda
sou um raging bull
quando você aparece
ostentando
sua aorta transparente
sua válvula semilunar
seu septo latejante
Quando você aparece
fazendo soar os guizos
vermelhos de sua clavícula
enquanto caminha
sobre o pavimento
de Terrorland
Veja se desocupa
as linhas telefônicas
que desde há 20 anos
vão de Girona a Sant Jaum
eu quero fazer a ligação
Retire seu timbre
feito de B / F / Am / C#
da sala de cinema
onde por acaso
passou galopando
John Wayne
galopando e gritando

suado como o javali
que foi oferecido
a sua família
em vésperas de
ressurreição
do menino crucificado
de cabeça para baixo
Retire sua mão
do rosto do dervixe argentino
que há quatro anos decidiu
dizer os 1.500 nomes
de Alá todas as manhãs
se você o deixar em paz
daqui a poucos meses
teremos 5.000 invocações
da palavra santa
no Boulevard Las Heras
isso pode muito bem ser
a salvação
do glaciar Perito Moreno
pode muito bem ser
um empurrão às partículas
arenosas do Sahara
e quem sabe
nalgum momento
a canção do deserto
soará mais aguda
mais prolongada
e quem sabe
nalgum momento
chegará aos ouvidos
do traficante de joias
de New Jersey
que at last assumirá
sua vocação de profeta

Sim as pessoas mudam
Tente retirar-se
nem que seja temporariamente
da figuração dos comerciais
que passam no break
da novela das oito
faz muito tempo que
ninguém assiste
mas vai que acontece
uma tragédia qualquer
o presidente interrompe
todas as emissões
e as antenas de 36 MHz
mantêm de qualquer forma
a publicidade
isso pode acontecer
tudo pode acontecer
então evite
Evite enterrar
seus pés
no arrozal de Vang Vieng
claro que é muito gostoso
o ondular líquido
das plantações
se roçando nos tornozelos
o corpo tem memória
e água é igual a corpo
então é gostoso
mas convém ter em mente
que um objeto estranho
se entrosando com outro
sempre vai perturbar
o contínuo curso da natureza
Fique longe da padaria
Fique longe do ringue de curling

Fique longe da cabina de controle
do aeroporto de Queensland
Fique longe das lonas
dos painéis que anunciam
a nova marca de tabaco de seda
Fique longe da prancha
da piscina de sete metros
por oito no último dia de maio
Fique longe
porque entenda
Você é vermelho e negro
seu tórax tem maior diâmetro
que a concentração
da torcida do Flamengo
toda metida no Maracanã
você é tudo vermelho e negro
Fique longe
não se chegue
Porque ninguém gosta
ninguém está a fim
de ver um touro enlouquecido
dando marradas cegas
nos caixotes da mercearia
nas tabuletas de trânsito
nas motocicletas estacionadas
Fique longe
ninguém gosta
de saber desperto
e à solta na cidade
um touro bravo
a quem um dia enterraram
a espada de ouro
na linha dorsal.

ATÉ AS RUÍNAS PODEMOS AMAR NESTE LUGAR

Lembro-me muito bem do tal cantor basco
que costumava celebrar a chuva no verão
Não ligava quase nada para as conspirações
que recorrentemente se faziam ouvir
debaixo das arcadas noturnas da cidade
naquela época do intermezzo lunar
Foi já depois do fascismo, um pouco antes
da democracia enfaixada em magnólias
O cantor, as arcadas, o perfume e os disparos
me ensinaram que se deve aproveitar a época
de transição para destrinçar o brilho
As revoluções sempre foram o lugar certo
para a descoberta do sossego:
talvez porque nenhuma casa é segura
talvez porque nenhum corpo é seguro
ou talvez porque depois de encarar uma arma
finalmente seja possível entender
as múltiplas possibilidades de uma arma.

PRINCIPADO EXTINTO

Isto é um poema
fala de amor
ou do medo do amor
Fala da morte
ou do fim da amálgama
rosto voz alma e cheiro
que é a morte
Isto é um poema
tenha medo
Fala dos peregrinos
que atravessam avenidas
de sobretudo e óculos
carregando flores invisíveis
e chorando mudos
Isto aqui é um poema
fala da permanência inútil
de um coração devastado
de uma floresta devastada
de uma corrida devastada
logo depois do disparo
da arma de 40 peças
que soltou a bandeirinha
e assim mesmo se desfez
Isto é um poema
fala da aparição do inverno
fala da fuga dos albatrozes

fala do punhal sobre a mesa
e do absurdo do punhal
feito de madeira e pedra
sobre a mesa do jantar
Fala do poder da erosão
que afinal incide sobre
pele e nervo e osso e olho
Fala do desaparecimento
Fala do desaparecimento
Fala do desaparecimento
Claro que é um poema
fala do toque de saída
no colégio de Île de France
e das 39 saias das meninas
esvoaçando sem vontade
na direção do cais de ferro
Fala do pânico do corpo
que esbarra em si mesmo
no espelho pela manhã
e do urro silencioso
que nenhum vizinho
escuta mas que ainda
assim reverbera sem dó
até a hora final
fala do vômito que advém
dos gestos repetidos
Fala do vômito que advém
dos gestos gastos
prolongados assim ad astra
até que o sono apague tudo
Fala da palavra saudade
ou da palavra terremoto
fala do olho que tudo via
deixando lentamente de ver
até mesmo a cara de Jack Steam

o porteiro da loja de discos
onde toca a canção de Chavela
Nada mais no mundo importa
Isto é que é poema
Fala do cheiro das flores
e da injustiça da existência
das flores na cidade
Fala da dor excruciante
meu bem excruciante
que faz até desejar
o fim do poema
o fim da palavra amor
que após o disparo
se espelha apenas
na palavra loucura.

QUANDO (A) E (B) SE SENTAM NO DEGRAU DA BANCA DE JORNAL PARA CONVERSAR SOBRE PORMENORES SUPRADIMENSIONADOS

A: estava chovendo.
B: você jura?
A: estava chovendo.
B: mas não era preciso.
A: estava chovendo.
B: tem certeza?
A: escute, quando chove todo mundo escorrega.
B: se machucou?
A: não muito, não.
B: mas era necessário?
A: estava chovendo.
B: em março sempre acontece.
A: eu escorreguei.
B: que bom que não se machucou.
A: não muito, não.
B: por que fez isso?
A: foi só uma vez.
B: não acha meio despropositado?
A: só liguei uma vez.
B: já passou tanto tempo.
A: acho que, quando a gente telefona fora de época, é porque está dando uma ligadinha para o passado. não para a pessoa realmente.
B: foi porque estava chovendo?

A: em março sempre acontece.
B: conseguiu falar?
A: deixei recado: "alô, é do passado? queria pedir uma pizza, por gentileza."
B: atendeu?
A: estava chovendo.
B: mas...
A: não atendeu, ainda bem. eu nem gosto mais de pizza.
B: vá para dentro, você vai pegar um resfriado.
A: parou de chover.

A VOLTA NO CADILLAC DE BILLY J.

O que acontece é que tenho vindo a guardar alguns poemas. Enterro-me noutras clareiras para que assim possa escapar-me da minha própria ideia de amor. É que eu tenho, como alguém disse, um amor descrito a garatujas sobre folhas de amendoeira. Um amor estremunhado que não sabe nem fritar seus próprios ovos no começo da manhã. Acontece que os poemas dos outros são tão direitinhos, tão justamente metidos no interior das linhas de separação, canções tão perfeitas, que em nada remetem para o nível real do acontecimento. Não sei se alguém terá reparado que numa tarde de dezembro eu pisquei o olho a J. Alfred Prufrock. Aquele restaurante todo coberto de serradura, suspenso numa escarpa, está comigo até hoje. Thomas Stearns pediu ostras e depois descreveu as ostras e eu ainda estou brincando com os pedacinhos de conchas. Quando veio o lacaio eterno, todo vestido de negro e branco, sugeri-lhe que por favor me atasse os cordões dos sapatos. É, um homem guarda poemas porque sabe que em qualquer momento vai ter que fazer-se à corrida: subitamente tudo arde e então a única possibilidade é o desvio. Para além das ostras, dos hotéis baratos, do universo todo espremido dentro de uma bola de boliche, para além das xícaras de chá e da cabeça de Lázaro sobre a bandeja de ouro, veio ainda aquele alsaciano esfomeado, uivando como uma parada militar. Nesse dia alguém tocou Mahler num serrote e acho que estou chorando até hoje. Fico empoleirado no parapeito da janela nortenha, atirando os dados de uma mão para outra, pedindo por favor o número seis. As criancinhas passam jogando no corredor, folhos de camisa esvoaçando muito mais depressa que seus cabelos, e eu ali de testa encostada no vitral. Quando me sair o número seis eu sei que Lázaro nunca mais morrerá. Sim, o amor veio e fez sua saudação. Não foi cortês nem bruto, não se apresentou como uma mudança de estação. Foi qualquer coisa como a entrada do fantasma de Platão no esqueleto de Aristóteles. O que acontece é que tenho vindo a guardar alguns poemas, resmas de papel de arroz empilhadas na sala nortenha. A casa está sossegada porque tem que estar. Pergunto-me se alguém possui uma pedra. Se alguém acredita verdadeiramente no verão. Pergunto-me sobre o estado do tigre bengalês ali perto da região de Hyderabad e repito o nome Rikki-Tikki-Tavi até a exaustão. Sei que todo peregrino é poupado, principalmente se for daqueles que fritam um ovo pela manhã. Desta janela eu vejo a esposa do mouro indeciso e vejo como ela fica bordando os nomes dos profetas no manto encardido — tudo para esquecer o caminho das possibilidades na cabeça de seu amor. Vejo as notas crípticas deixadas à sorte nas margens do Corão, recados de paixão há muito tempo abandonados. Vejo grafias escritas a vapor no muro que um dia dividiu Berlim, e nalgumas horas me pergunto sobre o cachorro que foi deixado do lado de lá. Penso na canção que diz que a saudade é o revés de um parto, ó metade amputada de mim. Haverá tempo, haverá tempo. O fumo amarelo de janeiro fica esfregando suas costas nas janelas desta casa. Haverá tempo para cometer um crime, haverá tempo para a procriação. Tempo para lembrar a rede onde descansou o índio apaixonado, aquele que ficava arrancando o pó das entranhas das unhas do leopardo. Tempo para encher a taça do filho de Deus e tempo para discernir o amor do que já é costume. Da janela eu vejo as ondas rebentando no olho do Vesúvio. Peço a meus filhos que se preparem para a estalada na cara, para o fechar brutíssimo da porta do automóvel, para o vômito que vem do fígado, para o rosto escancarado na decepção. O que importa é ouvir a voz que vem do coração — seja o que vier, venha o que vier. Meus queridos filhos com cara de curumins, essa cicatriz que se enterrou em vossas testas é um fogo que não para de brotar. Que ninguém vos diga que um pai sabe de tudo — vosso pai andou pelo sertão da monotonia e depois achou a mulher de carvão e fez a tempestade nascer do peito do anjo mais brigão da aldeia. Foi a tarefa mais árdua que um escavador vestido de suspensórios poderia ter atravessado — e ele ainda faz perguntas. Alguém possui um vaso? Alguém enterra o arroz na praia de São Teotónio para ver depois nascer o carvalho? Alguém distingue o ocre do surgimento do vermelho? Mova-se com calma, Tomé. Segure-se, Benjamin. Veja se ama seu homem, veja se nunca trai a família de seu homem. Reze a novena das irmãzinhas que vão em fila até Sevilha. Sim, alguém acredita verdadeiramente no verão. Se vires tua mãe diz-lhe que ainda sou o rapaz de calças arregaçadas, e que a traição foi apenas o destino da fuga. Daqui desta janela nortenha eu vejo o reflexo da água que se alojou em minhas rugas, e nem por isso eu sigo chorando. Venha o que vier, fico guardando alguns poemas. Certas formas nos pertencem muito para além da memória.

V

ANÚNCIO

Falemos do boi à espreita no vértice da mesa da cozinha, nem tudo o que mexe é cupim, falemos de transa no discurso de Gabriel e ainda de como foram brilhantes suas enormes asas brancas. Respeitemos o fato de algumas penas dessas asas terem caído naquela hora e de estarem ainda planando se espalhando pelo mundo, fazendo ad eternum o percurso ininterrupto entre Jaipur e Nashville. Falemos do recado talhado a vermelho na bancada da cozinha, falemos do afogamento de Pedro no dia de todos os santos quando nevou demais. Falemos da invenção arborizada de Cage e da forma estúpida como Joaquim dirigia na cidade para encontrar sua mulher, falemos do estado de desgaste da caixa de marcha do automóvel de Joaquim, dos estofos queimados pelo sol e pelas mãos de Joaquim, falemos do cabelo queimado da mulher de Joaquim. Falemos também do movimento físico dessa mulher não amando ninguém para além de seu reflexo no espelho. Falemos do piso escorregadio do Corso Independenza em dias de outono mais ou menos, falemos dos níveis de contaminação provenientes de um hino tocado no banheiro do restaurante, falemos da gota que em compasso cai do frasco de soro para dentro de uma veia previamente furada. Falemos do boi à espreita na cara de Pedro, João e Joaquim e falemos da confissão que o padre não ouve porque está concentradíssimo na circularidade estranha do botão de sua batina.

ÉPOCA DA COLHEITA DE LÃ

Faz hoje um ano e meio que inundaram o canal de Danesdale para dar passagem à procissão dos castores. Ainda estou sem saber como é que se faz um poema mas pelo menos já sei dobrar a roupa. Tenho me recusado a falar sobre aquelas coisas habituais, como o coração de Deus, a corrida dos gaiatos, a visão macroscópica que incide sobre a dobra dos calções do atleta, o cílio do peixe preto que todos os dias roça o peito do mergulhador das manhãs, o resultado da partida de baseball em Connecticut ou a forma mais correta de escrever baseball. Acho que o esporte é uma coisa reconfortante porque se realiza sempre sobre um solo fértil e também porque o posso abandonar a qualquer instante ou voltar a ele em qualquer instante. Fred ainda está vivo, ainda limpa o balcão do bar com o pano encardido e sei que sempre que eu regressar à cidade posso entrar no bar, sentar-me junto do balcão e perguntar-lhe sobre a performance de Hank Aaron. Fred sabe tudo sobre o voo. Descobri inúmeros elementos transformadores da vontade, mas também não vou distender-me aqui em palavrões ou frases demasiado compostas só para encontrar um sentido no decorrer da sentença. O melhor pianista do país morreu esta tarde e tinha os cabelos iluminados de fogo. Sonia diz que ele fazia lembrar erupções de querubins no asfalto, Eric não para de chorar. A amendoeira do canal foi rasgada a canivete mas o desenho gravado não é de todo a tatuagem mais feia do mundo. Etc. Etc. Etc.

A PRIMEIRA HORA EM QUE O FILHO DO SOL BRINCOU COM CHUMBINHOS

para o Francisco, aos nove anos

Não é que eu queira que você saiba manejar armas
mas quero sim que se prepare para afinar sua pontaria.

Meu querido, as árvores falam. Os tigres correm olimpíadas em pistas muito mais incríveis do que aquelas feitas de cimento laranja. Usain Bolt vezes cem, o sorriso de Usain Bolt vezes mil. A matemática não é difícil se você comparar tudo ao aparecimento de um cardume. Alguns frutos nascem no chão, outros caem dos ramos. É preciso estar atento. Certas canções despertam em nós a vontade de uma história que já aconteceu mas que não vai acontecer mais. Algumas histórias têm a duração exata de uma música rock, outras se dividem em cantos. No intervalo dá para comprar pipocas. Poucas pessoas contaram as riscas de uma zebra, mas todos os que o fizeram regressaram diferentes. O alvo de um humano está no terceiro olho e um dia alguém vai explicar para você como o afagar e onde ele fica. Nunca aponte ao terceiro olho, com aquilo é só cuidados. Algumas vezes vão te empurrar e você vai empurrar de volta, provavelmente vai até querer pegar uma pedra para jogar no peito de quem te feriu. Isso não está certo, mas é humano. Quase tudo o que é humano é justo, não deixe que ninguém te diga o contrário — só não vale enfiar o dedo no tal olho porque isso é igual a matar. A morte é o contrário de justiça. Os peixes respiram debaixo de água e se você mergulhar entre as rochas e se concentrar muito também vai conseguir. Ah é: os peixes brilham mais que as chamas, e alguns deles vão morar dentro de seus pulmões. Segure-se. Faça por polir seu riso, principalmente ao entardecer. Afine diariamente a pontaria e reze para que nunca seja necessário o disparo. Não existe proteção melhor do que a consciência de que podemos decidir atirar ao lado. Sim, daqui a muitos anos você vai conseguir acertar direitinho nessa lata de coca-cola que a gente suspendeu no sobreiro. Só acho que não vai querer. Também vai saber por que razão é melhor segurar uma arma descalço — é que é na terra que está a consciência do mundo, e é preciso escutar o seu ruído para agir em verdade. Saiba também, querido, que muitas vezes a sombra de um desenho é bem mais bonita do que o desenho que está à vista. É preciso estar atento, e descobrir o bichinho que se mexe debaixo da folhagem. Não o mate: se cubra de flores e entre para brincar com ele.

FORA DE JOGO

Sabe como é, muitas vezes minha sensibilidade se torna um grande impedimento à execução das coisas deliciosas como a diversão, a dança, o canto, o salto acrobático entre duas traves na ilha ou a leitura em braille. É que dedico tantas horas ao desenho do círculo, que por vezes esqueço a medida real da mansão de Novak — invade-me uma tristeza tão profunda que fico só esbracejando mudo, palhaço pobre no semáforo vermelho de New Orleans. Esperando a chuva de flores, cantando guerras na cara do vovô, observando a baleia afogueada na copa de uma árvore, tudo isso. Dedicando um tempo mais do que o devido à observação das estacas naturais de bambu ou tentando entender por que raio o corpo de um animal não pode ser tão maleável quanto as estacas naturais de bambu. Quem diz maleável quer dizer *formado de acordo com o vento e com o uivo do vento*. Acho que a rispidez é um punhal rasgando sulcos na ternura, é isso. Mas não se preocupe: de tempos em tempos as traves da ilha se umidificam de novo e então fica muito mais fácil recuperar a prática da acrobacia. Porque, toda a gente sabe, sobre o terreno mole o pé de um bicho não escorrega. Isso é o fim do medo. Hoje é dia de São Mateus, e Santo Agostinho repete insistentemente o velho mantra: "Prefiro a misericórdia/ Prefiro a misericórdia/ Prefiro a misericórdia."

DOIS DIAS ANTES DA PINTURA DA CABANA

Aqui é a beira da praia de Heak e ameaça chover há quatro horas. A umidade anda a cento e dez por cento. Ninguém se lembrou de colocar os laços em volta do pescoço dos pombos, mas apesar de tudo eles já circulam. Joe acabou com os cigarros e recusa-se a comprar mais — não compra tabaco desde que entrou para a redação e isso foi em 1966. Alguém disse que já nada pode começar no mundo, eu supus que isso quisesse dizer continuidade. Ontem voltei a sentir o cheiro da maresia, não dava por ela desde que roubei flores na estrada. Alan beijou a testa de Freiderick. Cacete. Nos altifalantes é dito o poema de Cisneros. Não se suporta mais a densidade do pão e é o único mantimento que temos. Hoje morreram muitos, amanhã morrerão exatamente os mesmos. Não se sabe quantos nasceram, amanhã serão outros. Ensaio I — checked. Ensaio II — checked. Ensaio III — checked. Mona anda sempre descalça pela casa, imagino que ela não saiba que os gatos estão doentes. Foi descoberta uma nova espécie de peixe-lama. Aqui é a beira da praia de Heak e ameaça chover há cinco horas certas.

DEGRAUS SUBMERSOS

The roses are lovely. Fazes falta, meu chapa. No vaso anda tudo crescendo de uma forma muito desenfreada, não sei como dizer-te que os caules trepam as folhas, que a terra cai sobre as flores e que a frutaria toda ameaça inundar a sala. Anda tudo muito bonito. Chastle não apareceu para o café, não esta manhã, mas é sabido que mais dia ou menos dia o tipo chega. Eu por enquanto fico lendo o jornal. Já sabes, é tremendo este vício da cair de cara na coisa e também de deixar sempre um taco de golfe encostado na mesa. Para o que der, para o que vier. Ainda durmo de camisa branca, ainda corto as laranjas de manhã, de vez em quando ainda abro a porta do quarto, subo até o terraço e canto. Ainda sou um cantorzinho de merda, mas já imito muito bem umas quatro ou cinco espécies de bichos. Sei os nomes dos pássaros que circundam meu bairro e meu bairro tem variado menos que o habitual. Dadá veio aí no outro dia e trazia os lábios pintados de vermelho, achei engraçado e também achei a coisa mais linda daquela tarde no mundo. Diz que vai para a Índia. Todas as mulheres vão. Gee wee, we're getting older. A lua americana não achou o caminho do céu e os índices de alcoolemia no quartel dos bombeiros vão crescendo a passos bestiais. Oh well. Se um dia achares um penny, ligaí.

0.000917927 MILHAS NÁUTICAS

Seu rosto kodachrome sempre se apresentando assim. Feito espora de um dragão que se enterra sem piedade nenhuma — ai eu, que deveria ter comprado aquele traje de borracha, que não deveria ter entrado no supermercado, que deveria ter conversado muito menos com o regente francês, que deveria ter fé, que não deveria ter passado tanto tempo girando o globo terrestre. Alfredo já tinha me avisado que sempre chega a hora em que alguém entala os dedos na régua arqueada que serve para marcar os meridianos. Dói como uma faca. Seu rosto estourado se apresentando firme nas projeções dos tijolos, e eu constantemente desviando o olho. Está tudo iluminado. Arredando a mira da parede, tenho muito mais tempo para tentar achar pedacinhos de tua vida nos veios escavados na madeira das raquetes, nas falhas de matéria que sempre surgem nas estruturas cimentadas, ou no espaço que não se revela mas existe entre um grão de sal e outro. No posto de gasolina vendem quatro postais por cinco rúpias, mas ninguém conhece o significado das criaturas mitológicas que só aparecem nos sonhos. Está tudo iluminado e eu só posso falar de um rosto enfeitado de verde e roxo, abanando a cabecinha ao som da canção do deserto.

WE'VE CHANGED, HONEY BOO

Como estava previsto nos registos, agora você é muito mais dada à astrologia e eu ao estudo dos cafés servidos nas beiras de estrada. A polícia não nos procura mais. O tribunal dos seiscentos dias resolveu que a misturada que fizemos com os nomes dos pássaros já não é uma questão para a segurança interna. Mensagens encriptadas na bula dos medicamentos, aromas desleais enfiados à socapa nos pacotinhos de sorvete, assobios nos ouvidos do sinaleiro — tudo parou. Quase nos prendiam por tráfico de influências, mas agora as urbanizações andam muito sossegadas. Daniel, entretanto, está morto. Walter emudeceu no caminho da composição e os jornais usam datas estranhas em seus cabeçalhos. Junto àquelas figuras de aviões e homens fardados aparece o nome do décimo sexto mês. Mudou tudo, honey, e a distância entre nós não foi certamente a causa para toda a explosão. Existem mais de 39 marcas diferentes de café, isso sem contar as misturas solúveis. As professoras de Westbridge preferem-no forte. Os astronautas fora de missão bebem cafezinho claro, não vá acontecer uma emergência qualquer — quem entende de gravidade está muito consciente da ligação entre leveza e sono. Antes do horóscopo e dos mapas você prestava alguma atenção ao despertar do soldado. Acho que tinha qualquer coisa a ver com luz ou com melancolia, tinha certamente tudo a ver com crença. Quero dizer, tu trabalhavas na tipografia e eu ainda guardo a revista onde plantaste o retrato do barcalhão fazendo a vênia à alvorada. Falávamos muito de príncipes nessa época, e os príncipes pertencem às manhãs. Cada motel serve um café diferente, raios. Distingo os ares da China do vento do Cazaquistão num minuto. We've changed, honey boo, mas os climogramas permanecem.

MILAGRES QUE NÃO SÃO CONTRÁRIOS À NATUREZA

Hoje é que é dia de Santo Agostinho. Agostinho só, aquele, bispo e doutor da Igreja, nascido uns quinhentos anos depois do Cristo. Hoje alguém escreveu qualquer coisa sobre corações de pedra e sobre a promessa que circunda a rendição. Rendição quer dizer a desistência do coração de pedra, acho. Quando éramos pequenos a bondade parecia o gesto mais natural de todos, fácil, o movimento perene — agora quase tudo supõe uma rendição.
Hoje é que é dia de Agostinho, e naquela curta temporada que passamos na África (devíamos ter uns 19 anos, não sei bem) eu repetia a frase do santo todas as tardes. Até o infinito solar. Nessa época o coração de pedra não passava de uma escultura abandonada no sertão, um pedaço de terra seca amassada que alguém deixara entre o capim, o desenho inglório das formigas muchã. Inglório, rapaz, e nem por isso menos fascinante. A construção de doze metros feita por aqueles bichinhos mínimos só encontrava rival nos cagalhões dos elefantes, imagine a ironia. Torres de doze metros! Campanários argilosos, corações naturais de terra seca que eram como a representação de nosso corpo futuro. Agostinho sempre segregando o amor pelos furinhos da construção, Agostinho aparecendo nos cabelos do Rei, Agostinho nos estalinhos da língua makua, Nsina na Titi, Na Mwana, Na Munepa, Wotcela, Ámen. Agostinho ao volante da caminhonete pelas crateras da estrada picada, e muitas vezes Agostinho de

bicicleta à saída dos estrados do capim. Essa foi minha história com A. em África. Mais tarde apareceu nos corredores da biblioteca, sobressaindo manso da estante 27. Derrubou comigo a moto vermelha, na noite em que quase morri de ciúme e de rancor. Também foi Agostinho quem me pagou o bilhete de metrô quando voltei à cidade onde tomei todas as cervejas com o diabo. Passeei pelos becos do bairro de Josefov, fui dar nas campas cobertas de neve, e nem por isso reparei nos filhos de Jerusalém que me cruzavam nas ruas. Aí meu coração já era bloco, e as construções das muchã uma história do passado. Comprei minha primeira pintura num bar lá perto do cemitério (era o desenho de uma roda gigante num parque de diversões) e à saída, olhando o termômetro de rua, decidi que a partir dali todos os amuletos seriam renováveis. É assim que um rapazinho se apaixona pela arte. Resignado ao processo contínuo da mentira que nos acompanha o caminho todo. Agostinho não disse nada. A primeira suíte de Bach fez as vezes da voz do santo, e já agora de todos os ruídos do mundo: desde o crepitar da fogueira que cozia o pão na caverna em Trás-os-Montes até ao barulhinho da lixa que roçava as unhas daquela moça na favela. O violoncelo arrasou com tudo, e esse era meu novo amuleto. Depois veio a canção da Gal, a concha do Leblon, o lenço vermelho, o pedaço de granito, a baleia de marfim, etc. Todo refúgio material acha uma forma de se renovar.
Passou muito tempo, embora eu não saiba muito bem contar o tempo. Entraram sete verões ou mais, entrou o carnaval, certos aniversários aninhados na barriga de um zepelim, entraram as celebrações novas e dentro delas um par de Hanukkahs. Entraram mais uns quantos Natais no tabuleiro do meu jogo de glória sideral. E quarenta silêncios. Até que subitamente, num dia qualquer de Natal, minha ex-noiva me ligou para dizer que no papelinho anual me tinha calhado o nome de um santo. Foi a homenagem mais bonita que alguém alguma vez fez a um amor já morto — é que em todos os

Natais que passamos juntos, eu ganhava um santo e um chocolate. Tudo embrulhado nas flores pardas da paixão. Trazer isso à baila fora de tempo, achei um gesto corajoso e principalmente muito justo. Não comi o chocolate porque toda a gente sabe que o chocolate tem uma digestão terrível, mas confesso que guardei o papelinho. Só o papelinho e não a inscrição — eu nunca esqueci tanto tempo o nome de alguém, principalmente de um santo. Nunca calei tanto tempo as palavras naturais. Mas hoje, sem aviso nenhum, o verão me acordou com duas frases: "Ama e faz o que quiseres. Se calares, calarás com amor." Hoje, rapaz, hoje não é dia de Sebastião, nem de Tomé, nem de Jorge nem das rodas gigantes. Hoje que é dia de Santo Agostinho em minha janela inaugural apareceu a torre muchã de doze metros. E do cocuruto do palácio de terra um soldado gritava Senhor Arranca-me O Coração De Pedra.

VI

SAGETRIEB

Inverno que queres matar-me ao chapadão
encher-me a cabeça de domingos
e alinhar meu olho aos escaparates
desenhados pelo maldito imperador
que abandonou os sorvetes e os 5 sóis
Vais ver se eu não dou cabo de ti primeiro

GOLPE DE 7 GRAUS

> depois de Manuel de Castro, que disse
> *Venho dum país de neve e floresta*

Há aquele poema que fala de renas
e do filho gigantesco
que nos atravessa as cabeças geladas
Fala de uma astrolírica saudade
que levanta a nave até ao nome
Mas olha esse nome nem é meu
porque ao meu nome lhe falta uma letra
É um poema mais ou menos de exílio
mais ou menos não
Não sei se fala do amor por alguém
e isso não me importa nem um pouco
O amor desenhado à luz das flores velhas
não me interessa mais
Não agora, não depois disto
Esta manhã a persiana do meu quarto
partiu ao meio
não deu para ver o mar da varanda
Uma porta entreaberta
não deixa ver o real
Esta manhã não sei se existiram os melros
depenicando a relva do vizinho
Não sei se vieram os cavalos
para estrumar a terra úmida
de quase dezembro
Não sei se vieram as ruas
da cidade onde já morei

Sim as ruas estiveram neste quarto
isso é mais que certo
Mas eu não sei se vieram antes
ou depois do princípio da manhã
Hoje durante o sono
eu passeava na cidade sem renas
Passeava na avenida onde uma vez
um colibri se embrenhou em minha testa
na época pensei que era o sinal do amor
Fui a ver e não era sinal de nada
era só a simpatia do passarinho
e isso foi mais que suficiente
Hoje durante o sono
eu passeava na cidade
onde o filho até já pariu irmãos
onde Carlos me ofereceu três papéis de Zbigniew
onde o cachorro andava meio adoentado
e onde precisei fazer de spiderman
para fugir ao feitiço da umbanda
Hoje durante o sono
eu me perdi nas sete estradas
ao volante de um opel vectra
Mas rapidamente me achei
porque casa da gente a gente acha
Depois acordei
para o poema
Para o urro doloroso
da palavra Fidelidade
Para o contorno trêmulo
da letra que me falta
Para o país do azevinho
e da excitação coletiva
costurada a verde e a vermelho
Para o tom neutro do cansaço
que acontece principalmente aos domingos

quando a rena ainda não se transformou em cervo
Quando o bicho ainda não veio
comer das folhas de minhas mãos
Nem soprar seu bafo quente
para formar as folhas
que devem crescer-me nos pulmões
Acordei para o som do rádio
que não tocava triste nem fútil
não falava da morte nem dos caretos
Que só acertava os pontos
com o planeta
repetindo aquela frase
que sempre vem exatamente antes
da frase que diz
It's lonely out in space.
Saudade, astrolírica saudade
teu nome perdeu o agá.

Instalei minha alegria
Em teu gueto
E agora
Ando para aqui
Há mais de 7 anos
A tentar descobrir
Como se deixa
De ser judeu

Por muito que eu passeie
Por supermercados
Velhos cemitérios
Palcos de espetáculos
Pirotécnicos
Por muito que eu caminhe
Sobre as cabeças dos tigres
Ou que faça equilibrismo
Nas cordas laterais
Do ringue de boxe
Ainda não achei
A iluminação que separa
Uma estrela de um coração

RUGOVE

Levantei-me para o contrário disto — a tempestade
Foi como daquela vez em que morava na América
E regressei a casa para o contrário disto — a quebra
Prometeram-nos dias de sol após o terror dos 30 dias
Disseram que fevereiro seria o contrário disto — o breu
Vesti-me a rigor para o desenho na casca dos jacarandás
Porque estava anunciado nos cartazes o contrário disto
Achei que nalgum momento a luz viria tomar conta de tudo
Que de uma forma ou outra lavaríamos os cabelos no mar
Mas hoje o que se vê da janela é o lado oposto do clarão
É mais uma volta na avenida com ombros cobertos de pavor
E eu só sei que acordamos sempre para o contrário disto
Somos os filhos do verão — somos o inverso da escuridão

VENDAVAL

O rapaz prodígio venceu
o prêmio de ouro
É Portugal brilhando
na grama internacional
e brilhando tão pouco
em meu olho preto
Veja bem não é por nada
Absolutamente nada contra
nosso menino dourado
Ele que já era de ouro
mesmo antes da loucura
do Zé Bexiga
Mas repare
Tomei umas quantas cervejas
no bar do hotel do Doug
faz uma semana agora
Era dia de reis
e troquei mirras & beijos
com meu velho costumeiro
amor de aço
Sabe aquele amor
que permanece nos dias
Se espalha nos areais
sem tempo nem nome
Se enterra vezinquando
nas barbas de um estrangeiro

e depois volta
no cangote de um peixe prata
Aquele que sempre vai
e que sempre vem
feito o trem de Minas
Quase niguém viu Maria
Fumaça
mas todo mundo sabe que existe
Li um poema que falava de
"my little space cadet"
É mais ou menos isso
My little space cadet
veio comigo ao bar do Doug
e juntos enfrentamos
as ondas de 22 metros
Sim foi na noite da tempestade
Faça suas contas
está fazendo uma semana agora
Hércules visitou nossa costa
E ao invés de vestir o escafandro
meu velho amor e eu
escolhemos ver a revolução aquática
a partir da bancada do bar
Nos estamos quedando mayores
mi viejito amor y yo
já não temos estofo
pra ver as ondas do pontão
Vai que entra uma pedra
de sal no olho
Vai que surge a verdade
de Netuno
na cara dos vagalhões
e na cara de nosso friso
Foi tudo muito maravilhoso
visto da bancada

Sempre é
desde 1982
Somos bastante da mesma idade
e do mesmo time
aquele velho amor e eu
Temos uns quantos anos a mais
do que o rapaz prodígio
Não saímos nunca no noticiário
O país não vestiu de todo
nossa camisa vermelha e verde
Quase ninguém brindou a nossa vitória
Mas nós sim
O Doug sim
O Doug ainda nos trata
por menino e menina
apesar de nossos 30 e tal anos
Hércules ainda vem para nos visitar
a cada quatro ou cinco tempos
E sim ainda
se abrem fendas na cidade
por cada vez que escolhemos
embater nossas testas
nossos corações
nossos cílios
nossa tenebrosa loucura
Meu amor e eu
nós fazemos história
no mapa do casco de Noé
"All men are Noah's sons"
a gente sempre confirma isso
Faz uma semana agora
e dessa vez não foi diferente
Para variar a dialética é bom
falar que dessa vez *não* foi diferente
e assumir nosso velho trem

Dois meninos no bar
Dois meninos medindo
a distância daqui para Sírius
Dois meninos aceitando
a benção horária
que constrói os dias
Sim amor os dias se fazem
por placas de resignação
Dois meninos acenando
para o fiel capitão
que chora na proa
do cargueiro da vida
e do destino
É pois é
deu nas notícias
o rapaz de ouro venceu
o prêmio de ouro
Oito dias depois da morte
do outro futebolista português
Portugal entrou em pausa
para se orgulhar de seus heróis
E nós dois paramos
junto ao balcão do bar de Doug
para aplaudir o amor eterno
numa resignação tão pacífica
mas tão pacífica
que só pode encher o país
de brilho e de sossego.

Portugal meu querido
país dos descobridores
aposentados
Tenha orgulho de seu menino
Mas saiba igualmente que você
também foi

para sempre será
o berço e o caixão
para o mais sério caso
de explosão de amor
que o mundo já viu.

E é por causa disso
o brilho de meu olho
todo preto e verde.

TWO-LANE BLACKTOP

Aprenderei a amar as casas
quando entender que as casas
são feitas de gente
que foi feita por gente
e que contém em si a possibilidade
de fazer gente.

BRIGA ENTRE UM TERRENO SAGRADO E OUTRO

Perdi muito tempo pensando
sobre se você iria para o céu
ou para o inferno
Achava que com tanta gente
ferida por seu punhal
havia uma possibilidade
Sim uma possibilidade
de que você fosse parar
no inferno
Mas depois também tinha
aquela coisa de você nadando
na Praia da Amoreira
ou de você desenhando
com uma pedrinha branca
na pele do rochedo irregular
ou até de você aparecendo
sorrindo na minha frente
Tinha a forma como você
conversava com estranhos
na rua à hora dos lobos
Seu jeito de segurar a raquete
quando jogava badminton
Aquela sua atrapalhação
quando você se atrasava
Você sempre se atrasava
e chegava correndo
se justificando
olhando o relógio

que você nem tinha
Você toda afogueada
subindo no banco de trás
de minha bicicleta
enquanto eu continuava
lendo o jornal internacional
calmamente
sempre calmamente
te esperando
Você dizia *des-des-desculpa*
eu lia a última parte da notícia
que falava de um barco
encalhado na Mesoamérica
e depois te dizia *vamos?*
Havia a possibilidade
é havia uma forte possibilidade
de que você terminasse no céu
ou no paraíso
O tempo que você levava
para se despertar
nas manhãs de dezembro
A atenção que você dedicava
a todas as partes de seu corpo
e de meu corpo
e do corpo do raminho
de peônias
que adormeciam
e acordavam conosco
no hotel mais sujo da cidade
em dezembro e fevereiro
Isso dizia muito sobre
sua vocação para a meditação
e também para o desespero
Passei muito tempo pensando
sobre se tua inclinação

te levaria até o inferno
pouco depois de tua morte
E mais do que isso
eu também pensava
se você morrer eu morro
se você escolher o gole do diabo
eu bebo do mesmo cantil
Foi assim que me tornei ladrão
Assim que apontei o canivete
na têmpora de Xavier Tementree
Assim que assaltei a horta biológica
para levar todos os pés da salsa dourada
Foi assim que esbofeteei o policial
e pior que isso foi assim que esmurrei
meu colega samurai
quando eu sabia que ele fazia aquilo
só por diversão ou por imitação
Passei muito tempo pensando
num lado e no outro
E portanto nos intervalos do terror
para cobrir minha retaguarda
Eu dançava na quermesse
Alimentava os castores
Contava as línguas das tribos
Fazia vênias aos astrofísicos
Beijava todas as cabeças
dos pássaros e dos lampiões
Não fosse deus tecer a manta
e fazer-te escolher a água benta.

Para onde você vai eu não sei
Na verdade não me importa mais
Porque no caminho do post-mortem
Aconteceu que dei de caras com a vida.

BADLAND

Não sei se sou homem
já não sei se sou
homem
se sou besta
se tenho olhos azuis
ou mesmo se visto
camisa azul.
Também já não sei
se seguro um toco
meio ardido, aqui sentado
na esplanada desta cidade
cujo nome é Tavizkam.
Não sei se sobre meu ventre
foi depositada uma concha, há uns
1.000 dias atrás.
Não sei se sou automático, se devo
trabalhar, pagar o revólver a prestações,
fazer remo, correr na calçada, usar
camisa esquadrinhada, escrever em
cedro esquadrinhado. Eu não sei
se possuo uma barca, se possuo
ossos que podem apodrecer
a qualquer hora. Eu não sei os nomes
dos poetas todos mas sei que os poetas
todos são os novos roqueiros. Eu não
sei, só sei que antes julguei que
os poetas eram escavadores.

Aquele amor
aquele que eu pensei
que se despedaçaria como
um meteorito no Minnesota
(uma coisa assim
estrondosa abusiva
gritante maravilhosa
estilhaço prolongado
cheio de uivos)
afinal caiu silencioso
como um aviãozinho de papel
passeando em Itaparica
em dia da apanha dos morangos.

Não sei se sou homem,
se sou mulher. Mas este
é o caminho do estio
e por perto passam os bois.

PEDRA EXPLODIDA NA MÃO DO MONGE

Penso em astronautas
não penso em árvores chinesas
penso na contagem dos cabelos
não penso em punhais
disfarçados de arma desportiva
Penso em camisas vermelhas
em minha camisa vermelha
com um pequeno buraco
na zona lombar
Penso no êxodo
dos vendedores de picolé
nas migrações pendulares
penso em garrafas vazias
penso em tanques de guerra
penso em jabuticaba & acarajé
Penso no rosto e nos braços
da cantora de Santo Amaro
penso em pipas e em meninos
soltando pipas.

GNOMON

Eu queria tudo como
no livro monogramado
A musa
As crianças
A discussão à chuva
que nos obrigaria a perceber
a circularidade mística
de algumas árvores
O choro
O recado escondido de Chillida
Queria tudo como
no lenço das aparições
O gengibre assustando-nos
de vez em quando os pratos
O morro da Lopes Quintas
que você nunca chegaria a ver
Mas que certamente verá
Só não mais por meus olhos
(como você ainda disse:
o caleidoscópio através
do qual sucedia o mundo)
Queria tudo sobre o pano
de um chapéu de tirolês
Tudo tão importante quanto
a descoberta grega
do ângulo de noventa graus

Queria tudo em jeito de promessa
de um acontecimento que mudaria
a perceção da sombra humana
Mas você insistiu em morrer
Você sempre insistia em morrer
e finalmente conseguiu
Acontece que agora
Mil anos depois
do enterro de sua bandeira
Depois do choro
Depois da impressionante mudança
nas ocorrências diárias do mundo
Você fica se queixando
Sobre a queda da musa
Sobre a saudade das crianças
Sobre a reprodução profícua
de certas árvores no jardim.
As coisas que a gente aprende
depois dos 30 anos: sempre achei
que os mortos fossem mudos
E afinal os mortos se descontrolam
no exercício alto da sintaxe.

UM CORAÇÃO QUE MORA
DENTRO DO OLHO DO JAGUAR

O Verão, rapazes — como disse C. Adams —
implica uma insistência nos mergulhos
e uma desistência breve das respostas.
Importante é passar a mão pelas escarpas,
afagar o pescoço das andorinhas do mar,
verificar o oxigênio no tubinho de plástico
que ajuda a respirar na cala azul turquesa
e permitir que o Senhor ressuscite o sangue
dos espadartes a todas as manhãs de 29 °C.
Estas são as tarefas que devem ser realizadas

e — como disse Adams — bom mesmo é chegar
ao fim da estação sem nenhuma resposta.

O AMOR FAZ-ME FOME

Tropecei numa ementa de vendas de comida ready-made
E por uma dessas fatalidades que vêm encadernadas
em vouchers de correio ou publicidade não endereçada
Fui reparar que agora tu e a tua miúda fazem
cafés da manhã para entregar ao domicílio
Perdão queria dizer pequenos-almoços
deixemos o café e as manhãs para outras dinastias
No meu tempo eu era o príncipe e tu a imagem
mais pura do menino Jean-Nicolas-Arthur Rimbaud
Dois saltimbancos cruzando a cidade e os dias
Também cruzávamos os dedos mas isso agora não importa
Dois rapazolas roubando meio croissant e três goles de suco
às mesas impecavelmente postas dos hotéis mais bonitos da cidade
A comida não era de todo o que mais nos interessava
se pensarmos que a paixão alucinante era rastilho suficiente
para rebentar-nos o estômago até o nível da alegria
Havia sempre alguém disposto a pagar-nos refeições
assim como nós estávamos sempre prontos a pular o fogo mágico
Acostumamo-nos desde muito cedo a sair das celebrações
de joelhos chamuscados e com as roupas mais ou menos rasgadas
Isso era motivo suficiente para que um de nós pegasse a moto
e então os dois acelerávamos até a praia mais deserta do país
Nem por isso deixamos de nos escapar aos acontecimentos
mas aqueles foram indubitavelmente os mergulhos de ouro
Agora as fogueiras levantam-se muito mais altas do que as magias
às quais dedicamos quase toda nossa juventude igualitária

Hoje temos mais de trinta anos e da minha janela dá para ver
os disparos dos incontáveis snipers das barricadas de Kiev
Desta varanda podem ouvir-se os gritos das ruas venezuelanas
se sobrepondo ao viejo papá que só quer dizer pásame el pan
Daqui dá para cheirar a ameaça de pólvora semi-invisível saindo
do documento que declara o estado de exceção no sul da Bahia
Parece que a primavera do mundo é um trabalho em progresso
mas o caminho até lá está sendo todo feito entre as veredas
e entre os galhos de fogo de um gigante inverno
No nosso tempo eu acreditava muito nas notícias e na televisão
Hoje eu acredito nas experiências que me contam os homens
Ontem éramos os filhos dos netos da revolução
E explicaram-nos que a tabuada e a paixão alucinante eram tudo
o que precisávamos e precisaríamos para o exercício da construção
Hoje somos pais de algumas crianças e pais de nós mesmos
e já vamos sabendo algumas coisas sobre a palavra desconstrução
O amor ainda é o estandarte onde vamos pendurando as bandeiras
A coragem ainda é o ferro onde vamos pendurando as roupas
Sim ainda rasgamos nossas roupas Sim ainda esfolamos os joelhos
Mas agora é tudo em nome de uma certa mudança universal
Onde andarás tu e teu sonho nesta manhã eu já não sei
Muito menos que espécie de alimentos entregas ao domicílio
Seja como for o amor ainda me faz bastante fome
e o relento ainda me parece o asfalto justo para toda revolução
Portanto (apesar dos vouchers) hoje meu miúdo e eu escolhemos
tomar o café da manhã na rua e deixar para lá o domicílio.

EU JÁ ESCUTO OS TEUS SINAIS

Olhe lá
Eu nunca quis voltar
atrás no tempo
nem por uma vez
A vida já foi muito boa
e muito ruim comigo
com minhas costas
com meus rins
com meus estúpidos
glóbulos vermelhos
com minha melancolia
com minha nacionalidade
A vida já foi mais estúpida
que meus glóbulos vermelhos
Mais doce que a visão do sol
de junho batendo nos joelhos
de um garoto ou de uma mulher
A vida já se serviu de mim
como uma pega
como um garçom
como um respigador
como um profissional
da marcação de fronteiras
Serviu-se de mim
para todos os trabalhos
Quis cuspir-lhe na cara

vezinquando
Mas nunca
por razão nenhuma
quis voltar atrás
no tempo da vida
Pelo contrário
sempre me servi
do tempo dela
para aprender a contar
as partes todas
da futebolada mística
Desta vez é diferente
Escute agora é diferente
Daqui da bancada
dá para ver meio passado
e meio futuro
Me sento sobre o balde
do duro inverno boreal
E enquanto vou esculpindo
o lustroso nada a canivete
Eu vejo os 32 °C no pontão
do Leme (mais cinco graus
se contarmos a temperatura
externa da pedra física)
Sobre o cais estão dançando
alguns astros imperfeitos
Suspeito que são homens
Eles levantam suas plumas
até a garganta do deserto
Sim eu me lembro
Mais de 40 homens
e a banda tocando
uma canção de amor
De repente lá vem vindo
oba de repente lá vem

Estou falando da entrada
da menina na arena
Da entrada dos seus cabelos
na frente de nossas retinas
Estou falando da velocidade
de um bambolê elétrico
rodopiando em torno
de tantos triplos suores
enquanto a banda toca
Olhe lá não procure histórias
estou falando de algum passado
Estou falando do ritmo
de uma estação violenta
E nem por isso impiedosa
É verão no Rio de Janeiro
Daqui deste balde revirado
dá para ver a felicidade
desabando sobre as cabeças
Dá para ver a força santa
do desejo físico imortal
Dá para ver disparos
que arrasam com toda
espécie de nacionalidade
Olhe eu nunca quis trocar
os tempos nem as partes
da partida fundamental
Mas daqui deste balde
dá para ver o assalto
que deu cabo da puta
e do garçom e até mesmo
do barbudo fronteiriço
O crime alegórico
que restaurou a alegria
E portanto veja bem
hoje se eu pudesse

eu voltava à cidade
Só para me sentar
sobre a pedra austral
e ficar assistindo às explosões
dos bambolês polifônicos
entre os dedos de uma mulher
Hoje se eu pudesse
eu voltava à cidade
Só para beijar
a cidade na boca.

PAZ, PALAVRA ÚTIL

poema alegre para o capitão

Estava lendo Whitman
e lembrei de você
Isso para começo dos trabalhos
já é mais ou menos bom sinal
Foi imediatamente depois do espanto
da página 108
Quando descobri o tal poema curto
que lá para o meio do corpo diz
"the pay is certain one way or another"
Não foi exatamente por isso
que lembrei de você
Até porque esse é um poema
que fala daqueles amores assim
longos, assustados, algumas vezes
raivosos e geralmente
de correspondência difícil
(repare que difícil é bastante
o contrário de impossível)
Um amor daqueles semieternos
que faz escrever um livro
ou um punhado de versos
Sendo essa a correspondência
mais honesta
Portanto não foi aí que lembrei
de você Não
O que aconteceu foi que

por causa do espanto
precisei coçar o queixo
levar as duas mãos à cara
e respirar entre os 20 dedos
O que aconteceu foi que
por causa do gesto indecifrável
ou da estocada da memória
o livro caiu no chão do trem
E então a queda ferroviária
fez voar o marcador das páginas
Veja só: era o cartãozinho
do bar dos pescadores
(ele que pelos vistos tem servido
de marca-compasso
para a canção de Whitman
desde o último verão)
caindo a meus pés
Foi por causa do nome da rua
que vinha escrito no cartão
O endereço do boteco
do sol & das fainas
Que lembrei de você
De sua primeira aparição
De sua primeira gargalhada
E daquele mês
de ouro na cidade-norte
Quando tudo ia bem
hiper mega bem
com as 4 vidas
transatlânticas.

VII

TENHO PLANOS PARA UMA CONFISSÃO

Foi em novembro de dois mil e tal
em Ipanema
Fazia frio e não devia
Chovia como era previsto
E algumas dessas coisas
nos confundiam
Eu era demasiado novo para o desterro
Um pouco velho já para certas aventuras
Dormia algumas horas por noite
num quartinho de esquina
Onde guardava os 7 livros, uma hamaca
vermelha & branca e a pequena caixa
de madeira onde ia depositando a diário
as lascas que sobravam da escultura
Eu ia esculpindo um novo genoma
Com mãos encharcadas de água de coco

Meu rosto não se transformava
mas a paisagem sim
Uma vez por semana cruzava a rua
de saquinho plástico pendurado no braço
e levava a roupa na lavanderia
Maria meu velho tesouro
não me acompanhava mais
Os canaviais, as abóbadas do Arkansas,
as feridas no rosto e os recibos de pensões

iam caindo no caminho como balas de açúcar
O desenho daquele rastro no chão
apontaria certamente ao palácio lunar
Era nisso que eu pensava
quando não pensava em nada
Foi no novembro de Ipanema
quando me acertei com a meditação

Comia duas bananas por dia
Um suco de acerola
E de vez em quando um sanduíche
A vida nunca foi tão pacífica
Desistira finalmente dos troféus
Guardando para mim apenas a bandeirola
da Federación Uruguaya de Esgrima
Porque sempre suspeitei
que aprenderíamos muito
fixando os espaços
entre as listras azuis e brancas

Meus amigos iam se retirando como lascas
Eu ia aproximando o rosto das orquídeas
atadas nas árvores pelos porteiros de Ipanema
Tomava o café da manhã no mercado
enquanto lia o jornal da cidade
Havia um forte cheiro de mar sujo
que subia sempre a 3 quadras
até chegar na avenida
As manhãs eram todas de ouro
E à passagem de cada uma delas
eu atava uma nova pulseira em meu braço
Foi um poeta quem me disse
Que os gêmeos se distinguem pelas cores
das fitas amarradas em seus pulsos
Eu queria distinguir-me de mim mesmo

Como um urso que fareja as moedas
entre os cachos de erva

Havia uma artéria que ligava todas as coisas
desde a Praia de Botafogo até o Centro da Cidade
O atravessamento do Aterro
nas cavalitas de um ônibus bêbado
foi durante muito tempo
a única salvação possível

Certa manhã, entre as colunas
de fogo que de vez em quando
se levantavam no terror das esquinas,
apareceu o rosto doce de Antonio
Fotografei-o com minha câmera descartável
E essa imagem desfocada é a pagela
que trago dobrada em meu bolso até hoje

Aqueles foram meus pleitos literários
entre o mar e a cidade
E, como disse o santo da fotografia,
na verdade fui feliz.

AVARANDADO

Quarta nota para
a manhã infinita:

Afinal o grande amor
Não garante nada mais
Do que as 12 graças
Desdobradas pelos
Corredores do mundo
Agora isso é mais
Do que suficiente
E apesar dos bofetões
Do tempo invertido
Apesar das visitas
Breves do pavor
A beleza é tudo
O que permanece

WE NEVER DID TOO MUCH TALKING ANYWAY

Por exemplo
esqueça Coney Island
e as trezentas peças
de metal que compõem
o jogo mágico de Coney
Island no mês de agosto
Lembre da palavra sushi
sendo gritada no metrô
quando tudo o que alguém
queria gritar era sua devoção
por pedacinhos de prata
Lembre de meu fascínio
profundo por desportistas
noturnos que sincronizam
a respiração com o batimento
dos dedos da amante morta
Esqueça o comprimido
composto de estearato
de magnésio e macrogol
receitado por doutor Roberto
quando o pobre doutor Roberto
não sabia mais o que tentar
ou então tinha mais o que fazer
naquela tarde de quarta-feira
na emergência de São Vicente
Lembre que quarta-feira
é dia de jogo de pebolim

e sobre isso não tem discussão
Lembre do quanto me iluminam
os animais talhados no marfim
principalmente aquela baleia
de oito centímetros e meio
minha única herança
minha única esperança
Esqueça talvez
a manobra repetida
de lamber envelopes
no silêncio de um quarto
quando já faz sol nas praças
Somos feitos para o relento
Lembre que por vezes
você tem muita razão
e que outras vezes não
Esqueça vá esqueça
o inverno em Ipanema
e o tubarão nadando
nas veias da besta
de Ipanema gelada
Lembre de meu desejo
muitas vezes certo
muitas vezes não
Lembre a descoberta
daquele excerto que dizia
nós subimos os degraus
a correr e saímos do frio
brilhante para o frio escuro
E se puder não esqueça
o rosto calmo do tigre
que está parado na porta
esperando para entrar
e para depois nos atravessar.

AGRADECIMENTOS

Maria Archer. Mafalda, Manuel, Pai, Mãe, toda a minha família. Carlito Azevedo. Bianca Zampier, Luca Argel, Julia Cartier Bresson. Gabriela Machado e família. Laura Liuzzi e Mariano Marovatto. Maria Palha, Isabel Campilho. Carmo Mineiro e Carmo Rebelo de Andrade. Luís Avillez. Silvia Chomski e Daniel Chomski. Ricardo Domeneck, Fernanda Mira Barros. Francisco e José. Obrigada.

ÍNDICE DOS POEMAS

I

Fur	9
Príncipe no roseiral	12
Explicação do sopro	14
Rio de Janeiro — Lisboa	16
I'll have what she's having	19
Brincando com os dentes do tubarão	21
Desmembramento de um semicírculo	23
Panteão Nacional	24
Notícias escrevinhadas na beira da estrada	26

II

Ascendente Escorpião	31
O último poema do último príncipe	33
O aparecimento das caveiras no lençol da Via Láctea	34
Veleiro	36
Pele de couro	38
O acrobata	40
M	41
Piscinão blue	42
Mão dupla	43
Tiger Balm	46

III

Coqueiral	51
Alguém me avisou	52

Descrição da cidade de Lisboa 55
Conversa de fim de tarde
    depois de três anos no exílio 57
Estação do trem 59
Roma amor 60
Rua do Alecrim 64
Dia de São Tomé 65

IV

Obituário de J. Anderson Pritt,
    pela mão da viúva 71
Vermelho vivo 73
Até as ruínas podemos amar neste lugar 77
Principado extinto 78
Quando (a) e (b) se sentam no degrau
    da banca de jornal para conversar
    sobre pormenores supradimensionados 81
A volta no cadillac de Billy J. 83

V

Anúncio 89
Época da colheita de lã 90
A primeira hora em que o filho do sol
    brincou com chumbinhos 91
Fora de jogo 93
Dois dias antes da pintura da cabana 94
Degraus submersos 95
0.000917927 milhas náuticas 96
We've changed, honey boo 97
Milagres que não são contrários à natureza 99

VI

Sagetrieb 105
Golpe de 7 graus 106
✡ 109

Rugove 110
Vendaval 111
Two-Lane Blacktop 116
Briga entre um terreno sagrado e outro 117
Badland 120
Pedra explodida na mão do monge 122
Gnomon 123
Um coração que mora
    dentro do olho do jaguar 125
O amor faz-me fome 126
Eu já escuto os teus sinais 128
Paz, palavra útil 132

VII
Tenho planos para uma confissão 137
Avarandado 140
We never did too much talking anyway 141

SOBRE A AUTORA

Matilde Campilho nasceu em Lisboa em 1982. Entre 2010 e 2013 viveu no Brasil, na cidade do Rio de Janeiro. Publicou poemas e crônicas em revistas e jornais portugueses, brasileiros e norte-americanos. É autora dos livros *Jóquei* (2014), de poesia, e *Flecha* (2020), com textos curtos em prosa, ambos lançados em Portugal pela Tinta-da-China e no Brasil pela Editora 34. É coautora e locutora de um programa de rádio semanal, o "Pingue Pongue". Vive em Lisboa.

Este livro foi composto em Sabon, pela Bracher & Malta, com CTP e impressão da Edições Loyola em papel Pólen Natural 80 g/m² da Cia. Suzano de Papel e Celulose para a Editora 34, em outubro de 2022.